ДЕРЕК ПРИНС

I0200466

ЧИ ПОТРЕБУЄ ВАШ ЯЗИК ЗЦІЛЕННЯ?

2018

Все наведені цитати (окрім відмічених особливо)
відповідають Біблії або Книгам Святого Письма Старого
й Нового Заповіту із мови давньоєврейської й грецької на
українську дослівно наново перекладеним професором Іваном
Огієнком

Derek Prince
DOES YOUR TONGUE NEED HEALING?

All rights reserved
© Derek Prince Ministries – International
P.O.Box 19501 Charlotte, NC 28219-9501 USA
All rights reserved © 2009 by Derek Prince
Ministries–International

Дерек Принс
ЧИ ПОТРЕБУЄ ВАШ ЯЗИК ЗЦІЛЕННЯ?

Всі права захищені
© 2009 Служіння Дерека Принса

ISBN: 0-88368-239-7 (англ.)

Переведено та видано
Служінням Дерека Принса в Україні:

ДПМ-Украина
а/я 50
Светловодск
27500

Наша електрона пошта:
dpmukraine@gmail.com

Відвідайте наш сайт в інтернеті:
DerekPrinceUkraine.com

З питань придбання
звертайтесь за телефонами:

+38-097-77-26-482 KievStar
+38-093-02-78-939 Life
+38-066-28-64-926 Vodafone (MTC)

DEREK
PRINCE
M I N I S T R I E S
UKRAINE–CENTER

ЗМІСТ

ВСТУП

Темою цієї книги є питання: *Чи потребує ваш язик зцілення?* Вивчаючи цю тему, приготуйтеся до несподіванок!

Із самого початку дозвольте звернути вашу увагу на один вельми важливий факт – на те, як саме Творець влаштував голову людини. В голові кожного з нас по сім отворів. Число сім у Святому Письмі часто свідчить про завершеність. Ми маємо три пари отворів: двоє очей, двоє вух, дві ніздрі. Але у випадку з вустами Творець обмежився тим, що зробив їх в однині. Я часто запитував у людей: «*Чи є серед вас такі, в кого було би більше, ніж один рот?*» Я ще не зустрів жодної такої людини. Все, що необхідно більшості з нас, – це правильно використовувати всього один рот. Цей отвір завдає нам більше проблем, ніж решта шість укупі.

Якщо ви візьмете Біблійну симфонію (довідниковий посібник для вивчення Біблії, де всі слова, що використовуються в Святому Письмі, розташовані в алфавітному порядку із визначенням точного місцезнаходження їх у тексті – *прим. редактора*) й відмітите всі слова, пов'язані з цим самим отвором – такі, як «*рот*», «*язик*», «*вуста*», «*мова*», «*слова*» тощо, – ви будете здивовані, як багато Біблія приділяє уваги цьому питанню. І для цього є всі підстави: ми не маємо нічого, що було б так безпосередньо пов'язане із нашим благополуччям, аніж наші вуста і язик.

1. СМЕРТЬ ЧИ ЖИТТЯ?

У першій частині нашого дослідження мені б хотілося навести низку цитат із Святого Письма, що підкреслюють життєву важливість рота й язика. Далі, у наступних розділах, ми зупинимося на принципах, що випливають із цих місць Святого Письма.

Звернімося до Псалму 33:12-14:

Ходіть, діти, послухайте мене, - страху Господнього я вас навчу! Хто та людина, що хоче життя, що любить дні довгі, щоб бачити добро? Свого язика бережи від лихого, а уста свої – від говорення підступу.

Натхненне Богом Слово пропонує навчити нас, дітей Божих, страху Господньому. У мене є кілька проповідей, в яких йдеться про те, що ніщо інше в усій Біблії не приносить більшого благословення, плідності й упевненості, аніж страх Господній. Через те, коли Святе Письмо пропонує навчити нас страху Божому, воно пропонує нам дещо невимовно цінніше й важливіше. Автор Псалмів говорить про те, що *«життя»* й *«довгі дні»* поєднані зі страхом Господнім. У Біблії повнота життя й страх Господній завжди тісно пов'язані один з одним. Тією мірою, якою ми маємо страх перед Господом, тією ж мірою ми дійсно насолоджуємося справжнім життям.

Так із чого ж починається страх Господній? Святе Письмо говорить про це дуже чітко: «*Свого язика бережи від лихого, а уста свої – від говорення підступу*». Іншими словами, наш язик і наші вуста – та перша сфера нашого життя, в якій проявляється наш страх перед Господом. Якщо ми здатні берегти свій язик від зла («*лихого*») й вуста свої від брехні, то ми здатні рухатися в повноту страху Господнього! А страх Божий супроводжується життям, довголіттям і благоденством.

Страх Господній, життя, довгі добрі роки – з одного боку, правильне використання вуст і язика й контроль над ними – з іншого, й між цим завжди існує взаємозв'язок. В нас не буде по по-справжньому хорошого життя, якщо ми не контролюватимемо свій язик і свої вуста.

Книга Приповістей 13:3 говорить:

Хто уста свої стереже, той душу свою береже, а хто губи свої розпускає, – на того погибіль (в іншому перекладі – «*хто говорить необачно й необдумано, душа того перетвориться на руїни*»).

Ваша душе це і є ваша особистість. Це – ви самі. Ваші вуста – це та сфера, в якій ваша слабкість проявляється в першу чергу і в якій ворог вашої душі першочергово добивається успіху. Тож якщо ви бажаєте зберегти свою душу, мусите берегти свої вуста. Однак якщо говорите нерозважливо, ви перетворитеся на руїни. Ці альтернативи цілком очевидні. Коли контролюєте свій язик, ви – у безпеці, однак якщо він – не під вашим контролем й ви не є господарем своїх слів, то ваш кінець – лихо. Все настільки очевидно й зрозуміло, що не потребує пояснень.

Вся Книга Приповістей говорить про ці принципи. Звернімося до Приповістей 21:23:

Хто стереже свої уста й свого язика, той душу свою зберігає від лиха.

Знову йдеться про те, що ваш язик і ваші вуста – життєво важлива сфера, яку ви зобов'язані оберігати. Межа між добром і злом, чорним і білим окреслена чітко. Якщо ви оберігаєте свій язик і свої вуста, бережете свої душу і життя – ви у безпеці. Якщо ж ви цього не робите, ви у «*біді*» (в англійському варіанті «*в лихові, згубі, катастрофі*» – *прим. перекладача*). В оригінальному тексті тут стоїть дуже сильне слово, і я гадаю, Біблія вживає його навмисно. Нездатність берегти свої вуста і язик так чи інакше приведе вас до катастрофи.

Наведемо ще два важливих моменти з Книги Приповістей 15:4, що стосуються нашого язика:

Язик лагідний – то дерево життя, а лукавство його – заламання на дусі (в перекладі Івана Хоменка цей вірш звучить *«язик лагідний – дерево життя, лукавий – пригноблює душу»* – прим. редактора).

Дослівний переклад цього звучить так: *«Зцілення язика – дерево життя, а нездоровий стан (викривлення) язика – пролом у дусі»*. Тут чітко говориться про те, що наш язик може потребувати зцілення. Я переконаний, що язик кожного грішника потребує зцілення. Язик – та область, в якій гріх обов'язково виявить себе в житті кожного. В житті грішника є сфери, де він міг і не грішити. Але язик – саме та сфера, в якій кожен грішник здійснив злочин, і вона мусить бути зцілена.

«Зцілення язика – дерево життя...» І знову зверніть увагу на тісний зв'язок між життям і правильним використанням язика. Альтернативою зціленому є *«нездоровий стан (викривлення) язика – пролом у дусі»*. Нездоровий стан і викривлення – це спотворене й неправильне використання. Зловживання язика – це пролом, діра в дусі.

Пам'ятаю, як на одному служінні приїжджий проповідник молився за одну жінку такими словами: *«Господи, сповни її Святим Духом»*. Але пастор, який знав ту жінку, сказав: *«Ні, Господи, ця посудина протікає»*. Багато хто отримує повноту й благословення, але втрачає це через свій язик. Ми повинні вповні панувати над своїм язиком, якщо бажаємо зберегти Господнє благословення. Одна справа – отримати благословення, а інша справа – втримати і зберегти його. Зцілений язик – древо життя, що дарує життя нам й оточуючим. Це має і внутрішню, і зовнішню дії.

У Книзі Приповістей 18:21 сказано:

Смерть та життя – у владі язика, хто ж кохає його, його плід поїдає.

Альтернатива, як завжди, очевидна – це або смерть, або життя. Й вони обидві – у владі язика. Коли ми правильно використовуємо язик, то він є деревом життя. Якщо ж застосовуємо його невірно, результатом буде смерть. Ми можемо бути певні, що їстимемо плоди тих шляхів, що їх виберемо для свого власного язика. Кожен з нас живиться плодами свого власного язика. Якщо плоди солодкі, значить, ми живимося добром. Якщо ж вони гіркі, то ми споживаємо гіркоту. Бог влаштував усе саме так.

Таким чином, язик – то є життєво важливий член, що визначає нашу долю. Життя і смерть – у владі язика.

2. ВІД НАДЛИШКУ СЕРЦЯ ПРОМОВЛЯЮТЬ УСТА

Щоб надати нашій темі «*Чи потребує ваш язик зцілення?*» більшої наочності, мені б хотілося навести один життєвий приклад. Перебуваючи під час Другої Світової війни в лавах британської армії, деякий час я служив у військовому шпиталі, розташованому в пустелі Північної Африки. Мене призначили у спеціальне відділення польового шпиталю, де лікували тільки хворих на дизентерію.

Кожного ранку разом із лікарем, котрому я допомагав, ми обходили пацієнтів, які лежали на ношах прямо на піску. Лікар звертався до пацієнтів завжди двома реченнями. Перше було: «*Доброго ранку, як почуваєтеся?*» Друге: «*Будьте ласкаві, покажіть свого язика*».

Незабаром я зрозумів, що відповіді на своє запитання «*Як почуваєтеся?*» лікар надавав мало значення. Він одразу ж переходив до наступного: «*Покажіть-но свого язика*». Коли пацієнт робив це, лікар уважно вивчав його язик. Потім він робив висновок про здоров'я пацієнта, орієнтуючись більше на стан його язика, аніж на його відповідь на запитання «*Як почуваєтеся?*».

Пізніше, увійшовши в служіння, я нерідко згадував про цей досвід у пустелі й бачив, що

Бог дуже часто чинить із нами так само, як той лікар зі своїми пацієнтами. Господь може запитати нас: «*Як почуваєшся?*». Й ми можемо дати Йому свою оцінку власного стану. Однак наступне, що скаже Господь (образно кажучи): «*Покажи свого язика*». І оглянувши наш язик, Він дасть власну оцінку нашого справжнього духовного стану. Стан вашого язика дає найбільш точний діагноз вашого духовного стану.

Давайте подивимося, що з цього приводу говорить Слово Боже. У Біблії є багато місць на підтвердження того, що між серцем і язиком існує прямий взаємозв'язок. Ісус говорить релігійним лідерам Свого часу в Євангелії від Матвія 12:33-37:

Або виростіть дерево добре, то й плід його добрий, або виростіть дерево зле, то й плід його злий. Пізнається-бо дерево з плоду! Роде зміїний! Як ви можете мовити добре, бувши злі? Бо чим серце наповнене, те говорять уста. Добра людина з доброго скарбу добре виносить, а лукава людина зі скарбу лихого виносить лихе. Кажу ж вам, що за кожне слово пусте, яке скажуть люди, дадуть вони відповідь судного дня! Бо зі слів своїх будеш виправданий, і зі слів своїх будеш засуджений.

Тут Ісус підтверджує прямий зв'язок між

устами й серцем, використовуючи мову
приповістей. Серце він представляє як дерево,
а слова, що виходять із уст, – як плоди. Харак-
тер слів, що виходять із ваших уст, вказує на
стан вашого серця. «Добра людина з добро-
го скарбу добре виносить, а лукава людина зі
скарбу лихого виносить лихе». Звернуть увагу,
що Ісус тричі використав слово «добрий» і сло-
во «злий» («лукавий») – теж тричі. Якщо серце
добре, то і слова із вуст виходять теж добрі.
Якщо ж серце зле, то і слова, що зриваються з
вуст, теж злі.

Євангелія від Матвія 7:17-18 містить подібні
слова Ісуса:

*Так ото родить добрі плоди кожне дерево
добре, а дерево зле плоди родить лихі. Не
може родить добре дерево плоду лихого,
ані дерево зле плодів добрих родити.*

Природа дерева визначає природу плоду.
І, навпаки, коли ми оцінюємо плід, то даємо
оцінку також дереву. Дерево – це наше сер-
це, а плід – наші вуста. Якщо серце добре, то і
слова вуст добрі. Якщо ж із вуст виходять злі
слова, то знаємо, що й серце зле. Неможливо
отримати погані (неїстівні) плоди з хорошого
дерева, так само і добрі плоди – з дерева по-
ганого. В цьому полягає абсолютний у своїй
неминучості зв'язок між станом нашого серця
і нашими устами.

Ми можемо обманювати себе щодо стану нашого серця різними ідеями про нашу доброту, чистоту й праведність, але найнадійнішим показником справжнього стану нашого серця є те, що виходить із наших вуст. Коли те, що виходить із них, є зіпсованим і гнилим, то маємо відповідний стан нашого серця. Іншого висновку бути не може.

Протягом п'яти років я служив у Східній Африці. Одне з племен, серед яких мені довелося працювати, називалося *маріголі*. Я був здивований, виявивши, що мовою того племені *«серце»* й *«голос»* – це одне й те ж слово. Як же в такому випадку дізнатися, що людина має на увазі – *«ваш голос»* чи *«ваше серце»*? Але, поміркувавши, я побачив у цьому особливу глибину: *голос* справді висловлює *серце*. Голос промовляє слова, за якими – вміст серця. Те саме говорив й Ісус: *«Не буває добрих слів зі злого серця, як і не виходять злі слова із серця доброго»*.

Коли ми приходимо до Бога за оцінкою нашого духовного стану й розповідаємо Йому про наше самопочуття, думаю, Бог схильний реагувати на це так само, як той військовий лікар чинив із хворими на дизентерію. Ви можете сказати: *«Боже, я добропорядний християнин – люблю Тебе й регулярно відвідую церкву»*. У відповідь Він скаже: *«Покажи мені свого язика.*

Коли Я досліджу його, Я дізнаюся про справжній стан твого серця».

Хотів би проілюструвати це двома надзвичайно прекрасними пророчими картинами із Старого Заповіту – по-перше, про Самого Христа, Месію, по-друге, про Наречену Христову, Церкву. Зверніть увагу, що в кожному з уривків головна увага приділяється характеристиці вуст і язика. У Псалмі 44:2-3 йдеться про Месію, Його благодать, Його красу і Його моральну чистоту:

Моє серце бринить добрим словом, проказую я: для Царя мої твори, мій язик – мов перо скорописця! Ти кращий від людських синів, у Твоїх устах розлита краса та добро, тому благословив Бог навіки Тебе.

Це – описання Христа Царя в Його благодаті, красі й моральній чистоті. Через що ж перш за все проявляється краса? Через Його уста. Спочатку написано: «*У Твоїх устах розлита краса та добро*». А потім сказано: «*Тому благословив Бог навіки Тебе*».

Тут йдеться про два важливих принципи. По-перше, благодать Месії виявилася, перш за все, у словах Його вуст. По-друге, Бог благословив Його навіки за благодать Його вуст. Коли Ісус був на землі, охоронцям наказали схопити Його, але вони повернулися без Нього. Їх запитали: «*Чому не привели ви Його?*» Вони відповіли: «*Чоловік ще ніколи так не промов-*

ляв, як Оцей Чоловік» (Івана 7:45-46). Благодать, що виходила через Його вуста, свідчила про те, що віє є Месія.

Книга Пісня над Піснями Соломона містить пророчий образ Христа і Його Нареченої та взаємин між Ними. Слова з Пісні над Піснями 4:3 адресовані Нареченій:

Твої губки – немов кармазинова нитка, твої устонька красні, мов частина гранатного яблука – скроня твоя за серпанком твоїм!

Перше, на що звернуто увагу при описанні Нареченої, – на її вуста: «*Твої губки – немов кармазинова нитка, твої устонька красні*».

Слово «*кармазинова*» (малинова, яскраво-червона – *прим. перекладача*) вказує на освячення через кров Ісуса. Кров торкнулася вуст, і результат цього – «*устонька красні*». Зверніть увагу, що обличчя заховане «*за серпанком*» або ж «*за покривалом*» (переклад Хоменка). «*Мов частина гранатного яблука – скроня твоя*», але вона захована під вуаллю. Проте через неї все одно чути голос. Решта краси захована, але краса голосу проникає назовні через завісу. Голос приховати неможливо.

Ось – іще один уривок із Пісні над Піснями 4:11:

Уста твої крапають мед щільниковий, моя наречена, мед і молоко – під твоїм язич-

ком, а пахощ одежі твоєї – як ливанські ті пахощі!

Слід відзначити два характерних слова, що використані при описанні язика Нареченої, – *«мед і молоко»*. Ці ж слова описують Землю Обітовану. Краса Землі Обітованої відображена в Нареченій – головним чином в її язиці і в устах. Краса її голосу порівнюється з пахощами, що проникають крізь вуаль. Чіткі обриси Нареченої приховані, але її голос і пахощі, що проникають крізь завісу, передають красу її уст. Її губи – то червона стрічка, й вуста її красні.

Чи можна таке сказати про нас – про вас і про мене – як про тих, хто йде за Ісусом? Необхідно самим собі задати це питання.

3. ЩО БІБЛІЯ ГОВОРИТЬ ПРО ЯЗИК

Ми переконалися, що існує прямий зв'язок між серцем і язиком, виражений у словах Ісуса в Євангелії від Матвія 12:34: «*Чим серце наповнене, те говорять уста*». Коли серце переповнене, його вміст переливається через вуста, і те, що з них сходить, свідчить про реальний стан серця.

Старий Заповіт містить пророчий опис Христа і Його Нареченої. Перше свідчення про моральну і духовну красу та про Божу благодать на Месії-Христі й Його Нареченій-Церкві, перша риса благодаті Божої – це їхні вуста й їхній язик.

Тепер давайте подивимося, що Біблія говорить про сам язик. Послання Якова велику увагу приділяє цій темі. Але спочатку поміркуймо над далекоглядними зауваженнями, що їх робить Яків стосовно того «*благочестя*» (в оригінальному тексті «*істинної релігії*» – прим. редактора), яке приймає Господь, і того, що є для Нього неприйнятним. У Посланні Якова 1:26 так говориться про благочестя, якого Господь не приймає:

> *Коли ж хто гадає, що він побожний, і свого язика не вгамовує, та своє серце обманює, - марна побожність того!*

Не має значення, наскільки благочестивими ми претендуємо бути. Ми можемо регулярно відвідувати богослужіння, з почуттям співати гімни, брати активну участь у житті церкви й робити усе інше, чого очікують від віруючих людей. Це все добре саме по собі. Ми можемо робити все це, але якщо не тримаємо свого язика під контролем, наше благочестя порожнє й неприйнятне для Бога. Нехай Його благодать дарує всім людям, які претендують на істинне благочестя, одного разу опинитися віч-на-віч із цією істиною.

З іншого боку, Яків говорить про вид благочестя, прийнятного для Бога. Воно так само відрізняється від звичного способу життя церковних прихожан. У Посланні Якова 1:27 зазначено:

Чиста й непорочна побожність перед Богом і Отцем оця: зглянутися над сиротами та вдовицями в утисках їхніх, себе берегти чистим від світу.

Першою умовою чистого благочестя є не відвідання церкви й навіть не читання Біблії, а увага й практична любов до тих, хто її потребує, в першу чергу – до сиріт і вдів.

Дозвольте дати вам пораду: якщо бажаєте визначити, якого роду ваше благочестя, подивіться у дзеркало Слова Божого, що показує це в Посланні Якова 1:26-27. Якщо ваш язик не знає вузди, то благочестя ваше порожнє. Якщо ви бажаєте мати благочестя, прийнятне для Бога, воно, в першу чергу, проявляється в любові до тих, хто цього потребує, – до сиріт і вдів.

Знову згадаймо приклад із лікарем, якому пацієнти повідомляли про своє самопочуття. В дійсності його не надто цікавила їхня оцінка власного стану. Вислухавши їх, наступне, що він просив їх зробити, – показати свого язика.

Саме про це говорить Яків у наведених вище віршах. Якщо ви бажаєте справити враження на Бога власним благочестям, перше, що Він скаже: *«Покажіть-но мені свого язика»*. Він судитиме, чи прийнятне ваше благочестя, за оцінкою вашого язика.

Розгляньмо декілька уривків із Послання Якова, що ілюструють роль язика в нашому житті. Почнемо з Послання Якова 3:2-8:

Бо багато ми всі помиляємось. Коли хто не помиляється в слові, то це муж доскона-лий, спроможний приборкувати й усе тіло.

Яків говорить, що коли ви здатні контролю-вати свого язика, то можете контролювати й усе життя. Ви – досконала людина, якщо здатні контролювати свого язика. Далі він перехо-дить до порівняння з життєвими прикладами:

От і коням вкладаємо уздечки до рота,

щоб корилися нам, і ми всім їхнім тілом керуємо. От і кораблі, хоч які величезні та гнані вітрами жорстокими, проте найменшим стерном скеровуються, куди хоче стерничий. Так само й язик, – малий член, але хвалиться вельми! Ось маленький огонь, а запалює величезного ліса! І язик – то огонь. Як світ неправости, поставлений так поміж нашими членами, язик сквернить усе тіло, запалює круг життя, і сам запалюється від геєнни. Бо всяка природа звірів і пташок, гадів і морських потвор приборкується, і приборкана буде природою людською, та не може ніхто із людей язика вгамувати, – він зло безупинне, він повний отрути смертельної!

Яків розкриває унікальне значення і вплив язика на хід розвитку нашого життя. В першому прикладі він говорить: «*Якщо нам вдасться вкласти вуздечку коневі в рота, тоді ми зможемо повністю контролювати цю сильну тварину й керувати нею*».

Кінь у Біблії, як правило, уособлює фізичну силу. Цим самим Яків говорить, що яким би сильним не був кінь, ми зможемо повністю ним керувати, якщо нам вдасться контролювати його рот за допомогою вуздечки. Сила коня повністю підкорена завдяки контролю над його ротом. Це так само вірно й щодо нас. Той, хто контролює наші вуста, керує всім нашим життям.

В наступному, ще більш наочному прикладі язик порівнюється із корабельним кермом. Конструкція корабля може бути надзвичайно складною й велетенською, його можуть носити сильні вітри й могутні хвилі. При цьому в корабля є всього один, причому порівняно невеликий елемент, котрий, одначе, визначає його курс – це його кермо. Завдяки йому весь корабель пливе в тому чи іншому напрямку. Якщо кермо застосовувати правильно, корабель благополучно дістанеться гавані. Якщо використовувати його невірно, то судно, рано чи пізно, зазнає аварії.

Яків говорить, що це вірно і для нашого життя. Язик – це кермо. Він визначає курс нашого життя. Якщо язик в якості керма використовується вірно, ми благополучно дістанемося пункту нашого призначення. Якщо ж язик використовувати невірно, наш корабель зазнає серйозної аварії.

Яків також наводить як приклад маленьку іскру, що може стати причиною займання і спалення цілого лісу. У Сполучених Штатах щороку лісові пожежі завдають збитків на мільярди доларів. Зазвичай вони розпочинаються саме так, як говорить Яків, – з маленької іскри. Міністерство лісового господарства США виготовило доволі красномовний плакат, на якому написано: «*Ти один здатний як запалити, так і попередити велику лісову пожежу*».

Це є справедливим і в духовній сфері. Один язик здатний висікти ту іскру, що знищить дещо надзвичайно цінне й значиме, спричинивши величезні збитки. Деяких церков і цілих християнських груп сьогодні вже немає тільки тому, що чийсь язик породив іскру того вогню, котрий спалив усе без вороття.

В останньому прикладі Яків порівнює язик із джерелом смертельної отрути. Він говорить, що язик подібний до отруйної речовини, здатної отруїти нас, розповсюджуючи свій вплив на всі сфери нашого життя.

Ще раз згадаємо ці приклади: вуздечка для коня, кермо для корабля, іскра для лісової пожежі й отрута для отруєння джерела нашого життя. Суть усіх цих прикладів одна й та ж: язик – це дешо саме по собі невелике, але здатне впливати на все наше життя й завдати величезної й непоправної шкоди.

Далі Яків говорить про мінливість релігійних людей. Послання Якова 3:9-12:

Ним ми благословляємо Бога й Отця, і ним проклинаєм людей, що створені на Божу подобу. Із тих самих уст виходить благословення й прокляття. Не повинно, брати мої, щоб так це було! Хіба з одного отвору виходить вода солодка й гірка? Хіба може, брати мої, фігове дерево родити оливки, або виноград – фіги? Солодка вода не тече з солонця.

Яків говорить те ж, що й Господь Ісус. Якщо дерево добре, то й плоди на ньому мають бути добрими. Якщо у вашому серці – смоківниця, то ваші уста родитимуть смокви. Але якщо у вашому серці – оцет, вам не отримати смокв із ваших вуст. Те, що виходить із ваших вуст, свідчить про вміст вашого серця.

Це, за словами Якова, подібне до джерела. Якщо вода, що витікає з ваших уст, свіжа, то й джерело у вашому серці чисте. Проте, якщо з ваших уст виходить солона й каламутна вода, то й джерело у вашому серці непрозоре й солоне. Таким чином, те, що виходить із ваших уст, беззаперечно свідчить про справжній стан вашого серця.

4. СЛОВА ВИЗНАЧАЮТЬ ДОЛЮ

Суть усіх прообразів, які використовує апостол Яків у своєму Посланні, зводиться до одного: язик – це дещо невелике саме по собі, але впливає на все наше життя і здатне завдати величезних і непоправних збитків. Із чотирьох прикладів, що ми їх розглянули, – (1) вуздечка в роті у коня, (2) корабельне кермо, (3) іскра, що призводить до лісової пожежі, (4) отрута, що отруює все життя, – найбільш наочно управлінський потенціал нашого язика ілюструє кермо на кораблі.

Здавалося б, кермо – це невелика частина корабля, до того ж захована під поверхнею води. Ви не побачите його, оглядаючи корабель, що рухається морською поверхнею. Проте ця маленька деталь, схована від нашого погляду, визначає курс корабля. Якщо кермо використовувати правильно, судно благополучно дістанеться місця призначення. Але якщо він застосовується невірно, зі стовідсотковою впевненістю можна сказати, що корабель не лише не дістанеться визначеної цілі, але і, в решті-решт, обов'язково зазнає катастрофи. Кермо визначає курс і долю корабля.

Біблія зазначає, що язик для тіла – те саме, що для корабля кермо. Якщо ми подивимося на людину зісторони, то, наймінорніше, не побачимо його язика, і все ж цей непомітний член подібний до корабельного керма. Його застосування визначає курс всього життя. Язик визначає долю людини.

У продовження нашого вчення звернімося до прикладу з історії Ізраїлю, який дасть нам ясний урок, що звучить так: *людина визначає свою долю тим, що вона говорить своїм язиком.*

Історія, яку ми розглянемо, записана у 13 і 14 главах книги Чисел. Ізраїльтяни вийшли з Єгипту й наблизилися до Обітованої Землі. Мойсей вислав туди дванадцятьох чоловік, аби вони усе розвідали й доповіли про Обітовану Землю – виявили головні її особливості, дізналися про норов її мешканців, про те, які там міста, які ростуть плоди. Кожне з дванадцяти колін надало для цієї справи одного із своїх вождів. Ці дванадцятеро мужів провели в Обітованій Землі сорок днів, обійшли її вздовж і впоперек і повернулися зі звітом про те, що побачили.

Їхній звіт описаний у Книзі Чисел 13:26-28:

І пішли, і прийшли вони до Мойсея й до Аарона та до всієї громади Ізраїлевих синів, до пустині Паран, до Кадешу, і здали справу їм та всій тій громаді, і показали плід того Краю. І вони розповіли йому та й сказали: «Прибули ми до Краю, куди ти послав був нас, – а він тече молоком та медом, а оце плід його!..

Плоди були настільки ваговитими, що одне виноградне гроно несли двоє людей, повістивши його на палицю. Одначе потім вони продовжили свій звіт такими словами:

Та народ той, що сидить у тім Краї, міцний, а міста укріплені, дуже великі. А також бачили ми там нащадків велетня...

Коли Бог дає вам обітницю, збираєтеся ви прийняти її такою, яка вона є, чи збираєтеся сказати: «Ми, звичайно, раді такій обітниці, однак є одне суттєве «але»? Це «але» схвилювало людей і позбавило їх спокою.

Лише двоє з розвідників, Халев (в інших перекладах – Калев – *прим. редактора*) та Ісус Навин, відмовилися підтримати негативне ставлення решти. Числа 13:30-31:

А Калев утихомирював народ перед Мойсеєм та й сказав: «Конче ввійдемо ми й заволодіємо ним, бо ми справді переможем його!» Та люди, що ходили з ним, сказали: «Ми не зможем ввійти до того народу, бо він сильніший за нас»...

Зверніть увагу на слова, що їх промовили розвідники. Халев сказав: «Ми справді переможем його». Інші ж десятеро розвідників сказали: «Ми не зможемо...» Вивчаючи цю історію далі, ви побачите: кожен отримав у відповідності з тим, що він говорив. Доля кожного була визначена його власними словами. Числа 14:20-24:

А Господь сказав: «Я простив за словом твоїм. Але, як Я живий, – слава Господня наповнить увесь оцей Край. Тому всі ті люди, що бачили славу Мою та ознаки Мої, що чинив Я в Єгипті та в пустині, але випробовували мене оце десять раз та не слухалися голосу Мого, поправді кажу, – не побачать вони того Краю, що Я заприсяг був їхнім батькам. І всі, хто зневажає Мене, не побачать його! Але раб Мій Калев за те, що з ним був дух інший, і він виконував накази Мої, то Я введу його до того Краю, куди він увійшов був, і потомство його оволодіє ним...»

Халев своїм позитивним відгуком на обітницю Божу і сповіданням визначив своє позитивне майбутнє. Далі, в Числах 14:26-32 йдеться про наступне:

І Господь промовляв до Мойсея й до Аарона, говорячи: «Аж доки цій злій громаді нарікати на Мене? Нарікання Ізраїлевих синів, що вони нарікають на Мене, Я чув. Скажи їм: Живий Я! Мова Господня: Поправді кажу, – як ви говорили до ушей Моїх, так Я зроблю вам. У цій пустині попадають ваші трупи, та всі перелічені ваші всім вашим числом від віку двадцяти літ і вище, що нарікали на Мене. Поправді кажу, – ви не ввійдете до того Краю, що Я підносив був на присягу руку Свою, що будете перебувати в нім, – окрім Калева, Єфуннеєвого, та Ісуса, сина Навинового. А діти ваші, що про них казали ви: станете здобиччю ворогові, то впроваджу Я їх, і пізнають вони цей Край, яким ви обридили. І ваші власні трупи попадають у цій пустині!

Зверніть увагу на слова «*як ви говорили до ушей Моїх, так Я зроблю вам*». Фактично Господь говорить: «*Ви визначили свою долю самі – своїми власними словами*». Далі – Числа 14:36-37:

А ті люди, яких Мойсей послав був розвідати той Край, коли вернулися, то зробили, що вся громада нарікала на нього, і пустили злу вістку на той Край, то ті люди, що пустили були злу вістку на той Край, повмирали від поразки перед Господнім лицем.

Вони самі прирекли себе на смерть. Вони промовляли слова про смерть, й результатом була смерть. Далі, в Числах 14:38 зазначено:

А Ісус, син Навинів, та Калев, син Єфуннеїв, жили з тих людей, що ходили розвідати той Край.

Смерть і життя – у владі язика. Що може ще більш наочно проілюструвати це? Людина, слова якої були негативними, прирекла себе на смерть. Людина, слова якої були позитивними, прийняла життя. Вони визначили свою долю тим, що говорили. Той, хто промовив «*ми не здатні*», – не зміг. Той, хто сказав «*можемо*», – зміг.

Для нашого духовного християнського досвіду у Новому Заповіті дана пряма паралель із досвідом Ізраїлю у часи Старого Заповіту. Ми попереджені, що ті самі уроки застосовні й до нас. У Посланні до Євреїв 4:1-2 сказано:

Отже, біймося, коли зостається обітниця входу до Його відпочинку, щоб не виявилось, що хтось із вас опізнився. Бо Євангелія була звіщена нам, як і тим. Але не принесло пожитку їм слово почуте, бо воно не злучилося з вірою слухачів.

Та сама обітниця, дана Богом ізраїльтянам, дається і нам, християнам – обіцянка увійти у Божий спокій. Але й ми мусимо боятися, щоб нам не стати тими, хто туди не ввійде, як то сталося з євреями у Старому Заповіті. Їхня проблема полягала в тому, що вони чули обіцянку від Бога, та додали до неї своє «але», й воно виявилося для них фатальним. Замість того, щоб сфокусуватися на обітниці Божій і з відвагою сповідувати свою віру в реальність Божої обітниці й здатність Бога дати їм силу отримати обіцяне, вони сконцентрувалися на негативі. Вони побачили велетнів, стіни укріплених міст, і сказали: «*Ми не зможемо*». Слава Господу за тих двох людей, котрі мали віру й відвагу сказати: «*Ми зможемо*».

Коли ви бачите Божу обітницю стосовно певної ситуації, що ви робитимете своїм язиком? Чи приводите ви сповідання ваших уст у відповідність із Божою обіцянкою й чи підтверджуєте її? Ви ототожнюєте самого себе з обітницею й говорите «*якщо Бог сказав це, то я це зможу*» чи стаєте одним із тих, хто говорить «*подивися лишень на всі ці проблеми; хоча Бог сказав це, але, мабуть, я не здатний зробити це*»? Пам'ятайте, що ті розвідники визначили своє майбуття всього лише словами (одного дня подібних розмов вистачило для того, аби передрішити свою долю – *прим. редактора*). Біблія говорить, що то самий принцип діє по відношенню до тих, хто чує Євангеліє. Ми визначаємо нашу долю тими словами, які промовляємо.

Десятеро з дванадцятьох розвідників сфокусувалися на проблемах, а не на обітницях. Двоє з дванадцяти розвідників, Ісус Навин і Халев, сконцентрувалися на обітницях, а не на проблемах. Ісус Навин і Халев промовили: «*Ми можемо*». Решта ж сказали: «*Ми не можемо*».

Кожен отримав саме те, що сказав. Кожен визначив свою долю своїм язиком.

5. ХВОРОБИ ЯЗИКА

Ми розглянули приклад зі Старого Заповіту, що яскраво ілюструє принцип «*смерть та життя – у владі язика*» (Приповісті 18:21). Ми побачили, що правильне використання язика дає життя і, навпаки, невірне застосування його прирікає на смерть.

Тепер розгляньмо деякі різновиди хвороб, що уражують наш язик. Існує шість найбільш розповсюджених видів хвороб, що впливають на наше життя і здатні навіть призвести до фатальних наслідків, якщо з ними не розібратися.

Хвороба перша:

НАДМІРНА БАЛАКУЧІСТЬ

Це явище настільки розповсюджене, що люди вже не сприймають балакучість як дещо нездорове притому, що це і справді хвороба. У Книзі Приповістей 10:19 йдеться:

В багатомовності гріха не бракуватиме; хто стримує язик, той розумний (переклад Хоменка).

Іншими словами, якщо ви говорите надто багато, то неодмінно – й вам цього не уникнути – скажете щось неправильне.

Біблія нас попереджає, щоб ми не були багатослівними по відношенню до Самого

Бога. Більшості з нас дійсно необхідно дослухатися до цього попередження, записаного в Книзі Еклезіястовій 5:1:

Не квапся своїми устами, і серце твоє нехай не поспішає казати слова перед Божим лицем, – Бог-бо на небі, а ти на землі, тому-то нехай нечисленними будуть слова твої!

Одного разу хтось сказав мені: «*Нам потрібно пам'ятати, що співати брехню – такий самий гріх, як і говорити брехню*». Я чую людей, які проникливо співають гімни про свою повну посвяту і покору Богові: «*Ісус, в усьому підкоряюсь і повністю належу я Тобі*». Проте коли виникає необхідність чимось пожертвувати для Бога чи для інших людей, особливо якщо про цю жертву ніхто з людей не дізнається, вони одразу знаходять масу виправдань, аби не робити цього. Ці дві дії несумісні. Якщо ви не прагнете віддати своє життя Богові, то не кажіть Йому про свою повну покору, тому що Бог заличе вас до відповідальності за всі слова, сказані (чи заспівані) в Його присутності.

Декількома віршами нижче у Святому Письмі зазначено, що янгол записує все, що ми говоримо і коли, промовляємо в молитві чи в прославленні. Одного разу ми опинимося перед цим янголом, в якого є запис усіх наших слів. І тоді, як говорить Біблія, буде пізно пояснювати «*я не це мав на увазі й сказав, не по-*

думавши», бо ми всі несемо відповідальність за все, що сказали, про що співали і як молилися. В один день нам все це пред'явиться, й ми відповідатимемо за все, в чому були нещирими, і за невідповідність наших слів і реального життя.

В наступному вірші ми читаємо продовження, Еклезіяст 5:2:

Бо як сон наступає через велику роботу, так багато слів має і голос безглуздого.

Багатослів'я – ознака дурості. Коли ви чуєте людину, яка говорить безперервно, вам непотрібні ніякі інші докази того, що вона нерозумна. *«Багато слів має і голос безглуздого»*. У чому полягає корінь цієї проблеми? Я переконаний, що це – перебування поза спокоєм. Порівняємо з тим, що зазначено в Посланні Якова 3:8:

Та не може ніхто із людей язика вгамувати, – він зло безупинне, він повний отрути смертельної!

(У перекладі Хоменка читаємо про *«зло, що спокою не знає»* – прим. редактора).

Люди, які постійно говорять, – неспокійні й невгамовні, й у нашому сучасному суспільстві таких багато. Чи доводилося вам мати справу з людьми, які виливали на вас словесний потік? У чому корінь їхньої проблеми? У відсутності спокою. Надмірна говіркість – вірне свідчення того, що в серці людини немає миру.

Хвороба друга:

МАРНОСЛІВ'Я ТА ПУСТІ СЛОВА

У Євангелії від Матвія 12:36 Ісус говорить:

Кажу ж вам, що за кожне слово пусте, яке скажуть люди, дадуть вони відповідь судного дня!

Одного разу ми всі мусимемо відповідати за кожне слово, що його промовили. Ми дамо відповідь за кожне пусте, нещире слово, коли ми говорили одне, а мали на увазі інше, за слова, за які не хотіли б відповідати, й за слова, яких ми не дотрималися в нашому житті.

Ісус у Нагірній проповіді у Євангелії від Матвія 5:37 говорить:

Ваше ж слово хай буде: «так-так», «ні-ні». А що більше над це, то те від лукавого.

Це – дивовижне ствердження. Якщо ми говоримо більше того, що має значення, всі доповнення в нашій мові (додатковий тиск, будь-яке утрирування, перебільшення. надмірна емоційність, відходи убік і підходи збоку тощо) – це все приходить від лукавого. (Господь Ісус використовував іносказання у вигляді приповісток для того, щоб донести до людей прості істини, а не для того, щоб приховати правду; і на лукаві запитання Він відповідав так, щоб вивести того, хто запитує, на світло і у відкритий діалог, а не для того, щоб втекти від відповіді. Він завжди говорив те, що мав на увазі, і Своїх слів у залежності від обставин не міняв – *прим. редактора*).

Дозвольте підсумувати це в одній простій пораді: *якщо насправді ви не маєте того на увазі, то й не кажіть того.* Якщо будете дотримуватися цього простого правила, обіцяю вам, воно змінить все ваше життя. Ви станете іншою людиною. Якщо вирішите дотримуватися цього правила хоча би протягом року, то вже через рік ви станете іншою, набагато кращою людиною.

Хвороба третя:

ПЛІТКИ

У Книзі Левит 19:16 зазначено:

Не будеш ходити пліткарем серед народу свого...

Бути пліткарем (переносником) означає ходити і розповсюджувати неперевірені, неправдиві, перебільшені, зловмисні чутки – це і є плітки. В Новому Заповіті сатані дане ім'я «диявол», що у перекладі з грецької означає «наклепник». Це – його сутність. Головне описання сатани у Біблії – наклепник. Якщо ви пліткуєте чи розповідаєте свої негативні вигадки, то насправді ви замість диявола виконуєте його роботу. Ви є представником сатани. Ми мусимо бути обережними, щоб не лише не розповідати плітки, але ми й тоді несемо відповідальність, коли їх приймаємо.

У Книзі Приповістей 18:8 зазначено:

Слова обмовника – мов ті присмаки, і вони сходять у нутро утроби.

Це так властиво людській натурі! Коли ми чуємо про когось щось недобре або таке, що виставляє його в поганому світлі, то щось у людському серці радіє. Слова наклепу подібні до ласих страв. Будьте обережні, коли вам пропонують ці ласі шматочки наклепу, аби не ковтнути їх. Вони отруйні. Вони мають солодкий смак, але отруюють нас. І як тільки вони потраплять у наше серце, наше життя буде отруєне цими ласощами.

У Книзі Приповістей 20:19 йдеться:

Той наклепник, хто відкриває тайни; хто рота широко роззявляє (говорить надто багато)*, з тим не братайся* (переклад Хоменка).

Бачите, як тісно пов'язані між собою ці, здавалося б, такі різні хвороби. Якщо ви слухаєте наклеп, ви стаєте співучасником у цьому. Якщо ви приймаєте злодія й берете в нього поцуплене, юридично ви робитеся його співучасником.

Таким самим чином, якщо ви приймаєте наклепника і слухаєте його, то стаєте його співучасником.

У Псалмі 14:1-3 сказано:

Господи, хто може перебувати в наметі Твоїм? Хто мешкати може на святій Твоїй горі? – Той, хто в невинності ходить, і праведність чинить, і правду говорить у серці своїм, хто не обмовляє своїм язиком, і злого не чинить для друга свого, і свого ближнього не зневажає!

Щоб отримати доступ у Божу присутність і «перебувати в наметі Його», ми повинні виконати деякі вимоги: (1) ходити в невинності (в інших перекладах «путями чесними», «у чистоті й цілісності»), (2) чинити правду і (3) говорити істину в серці своєму.

Далі йдеться про те, чого ми НЕ повинні робити: (1) обмовляти своїм язиком, (2) чинити зле оточуючим і (3) не лише самим не чинити наклепу, а й не приймати його на близьких – тих, хто нас оточує.

Недостатньо самому не обмовляти – ми не повинні й приймати наклепу. Ми не повинні приймати наклепу (наруги) на когось із наших знайомих. Ми не повинні їсти ці ласі шматочки наклепу, бо вони отруйні, і багато взаємин отруюються такою «їжею».

Хвороба четверта:

БРЕХНЯ

Ми повинні бути обережними, аби підібрати правильні слова для цієї хвороби. Перш за все, що таке перебільшення? Хтось одного разу сказав: *«Між благовістям і прикрашанням все-таки є суттєва різниця».* Наприклад, євангеліст бачив, що під час його служіння на покаяння вийшло 200 чоловік, але в інтерв'ю для газети він називає 500 чоловік. Що це – всього лише видавання бажаного за дійсне чи звичайна брехня? Це – сама справжня брехня. Кажу це не для того, щоб критикувати інших, але тому, що кожен із нас має бути обережним, аби не виявитися винним у брехні.

У Приповістях 6:16-19 йдеться про сім речей, які ненавидить Господь. *Ненавидить* – це дуже сильне слово. Ось про що там йдеться:

Оцих шість ненавидить Господь, а ці сім то гидотна душі Його: очі пишні, брехливий язик, і руки, що кров неповинну ллють, серце, що плекає злочинні думки, ноги, що сквапно біжать на лихе, свідок брехливий, що брехні роздмухує, і хто розсіває сварки між братів!

Із цих семи якостей, що їх ненавидить Господь, три пов'язані з язиком: перша – «брехливий язик», друга – «свідок брехливий» (ясно, що й це стосується язика), третя – «*хто розсіває сварки між братів*» (зазвичай розбрат сіється за допомогою слів). Отож, із семи речей, що їх ненавидить Господь, три уражують язик, і з цих трьох дві напряму пов'язані з брехнею.

Ось іще одне підтвердження з Книги Приповістей 12:22:

Уста брехливі – огида у Господа, а чинячі правду – Його уподоба.

У цьому вірші ми бачимо розподіл на дві протилежні категорії: з одного боку – «*огида*», з іншого – «*уподоба*». Тож якщо ми не говоримо істини, значить, ми брешемо. Кажучи щось, ми в будь-якому випадку потрапимо в одну з цих двох категорій – третього бути не може. Якщо це не істина, то це брехня. Якщо це брехня, то це мерзенно перед Господом. Якщо це істина, то це те, що приємне Богові.

Наша проблема в тому, що в своєму мисленні ми багато місця лишаємо для «*сірого*» – ми не можемо стверджувати, що це істина, але вважаємо, що і брехнею це назвати не можна. Виходить, що це і не біле, і не чорне – дещо середнє, «*сіре*». Я поставив собі за мету знайти, що Біблія говорить про такі «сірі зони». Якщо досліджувати Святе Письмо в цьому питанні, то будь-яка неправда бере свій початок від диявола. Ми мусимо звернутися до слів Самого Ісуса, хоча вони й лякають. У Євангелії від Івана

8:44 Ісус звертається до релігійних лідерів Свого часу (і пам'ятайте, що то були дуже набожні люди):

Ваш батько – диявол, і пожадливості батька свого ви виконувати хочете. Він був душогуб споконвіку, і в правді не встояв, бо правди нема в нім. Як говорить неправду, то говорить зі свого, – бо він неправдомовець і батько неправді.

Щоразу, коли з наших вуст виходить неправда, вона виходить від диявола.

Ось іще один важливий і витверезливий факт про хворобу брехні: якщо ця хвороба не буде зупинена й вилікувана, вона стане фатальною. Об'явлення 21:8:

А лякливим, і невірним, і мерзким, і душогубам, і розпусникам, і чарівникам, і ідолянам, і всім неправдомовцям, – їхня частина в озері, що горить огнем та сіркою, а це – друга смерть!

Зверніть увагу на цей список: лякливі, невірні, мерзкі, душогуби, розпусники, чарівники, ідоляни, і *всі брехуни*. Результат таких моральних хвороб невідворотній – їхнє місце в озері вогняному. Там уже немає зцілення й виходу звідти не існує. Як тільки людина була приречена на «*другу смерть*», шляху назад для неї не стало. Я повторю те, що вже сказав: якщо хвороба брехні не буде зупинена й вилікувана, вона невідворотно стане фатальною!

В Об'явленні 22:15 йдеться про тих, хто не увійде в Боже Місто:

А поза ним будуть пси, і чарівники, і розпусники, і душогуби, і ідоляни, і кожен, хто любить та чинить неправду (тобто брехун)*.*

Отож кожен із нас мусить вирішити – чи забажаю я зцілитися від хвороби брехні, чи навіки втрачу душу свою? Бо якщо хвороба брехні не зцілена, фатальний кінець визначений.

Хвороба п'ята:

ЛЕСТОЩІ

У Псалмі 11:2-4 сказано:

Спаси мене, Господи, бо нема вже побожного, з-поміж людських синів позникали вже вірні! Марноту говорять один до одного, їхні уста облесні, і серцем подвійним говорять... Нехай підітне Господь уста облесливі та язика чванькуватого.

Тут ідеться про стан морального занепаду людства. І це схоже на те, що ми сьогодні бачимо навколо. Важко відшукати праведну людину. Немає вірних людей. Що в результаті? «*Марноту говорять один до одного, їхні уста облесні, і серцем подвійним говорять*». У Святому Письмі проголошується Божий суд над улесливими вустами: «*Нехай підітне Господь уста облесливі та язика чванькуватого (хвалькуватого)*».

Приповісті 26:28 містять попередження для нас:

Язик брехливий ненавидить правду; лестиві уста призводять до погибелі (переклад Хоменка).

Якщо ми слухаємо і сприймаємо лестощі, або ж самі стаємо підлесниками, то кінцем буде катастрофа. У Книзі Приповістей 29:5 зазначено:

Людина, що другові своєму підлещує, на стопах його пастку ставить.

Після багатьох років служіння я на практиці переконався у вірності цих слів. Є люди, які кажуть улесливі слова, залишаючись при цьому нещирими. За словами приховується інший мотив. Багато разів, якби не благодать Божа, мої ноги могли би бути пійманими у тенета лестощів. Я міг би бути втягнутим у обставини й зв'язки поза Божою волею. Отож, завжди пам'ятайте про те, що «*лестиві уста призводять до погибелі*» й «*людина, що другові своєму підлещує, на стопах його пастку ставить*».

Хвороба шоста:

НЕОБАЧНІ СЛОВА

В Книзі Приповістей 29:20 йдеться:

Чи бачив людину, квапл의у в словах своїх? –
Більша надія глупцеві, ніж їй!

Тут зазначено, що коли ми необачні в своїх словах, наше становище набагато гірше, аніж у дурнів. Це дуже серйозне твердження, тому що Біблія не говорить нічого доброго про дурних людей.

Ось приклад із Святого Письма про людину, яка одного разу виявила необачність у своїх словах, і це коштувало їй дуже дорого, – Мойсей. Бог звелів йому вийти перед Ізраїлем і сказати скелі, щоб вона дала воду. Проте він був настільки розгніваний на синів Ізраїлю, що сказав їм: «*Послухайте ж, неслухняні, чи з цієї скелі ми виведемо для вас воду?*» (Числа 20:10). Затим замість того, щоб наказати скелі, він ударив по ній. Цей акт непослуху, висловлений у необачних словах, коштував йому привілею ввести синів Ізраїлевих у Землю Обітовану.

Про це йдеться у Псалмі 105:32-33:

І розгнівали Бога вони (сини Ізраїлю) *над водою Меріви, і через них стало зле для Мойсея, бо духа його засмутили, і він говорив нерозважно устами своїми* (в англійському перекладі «*сказав необдумано*» – прим. перекладача).

Визначимо   діагноз: засмучений   дух

спонукає нас говорити своїми устами необдумано, а необачні слова коштують нам багатьох привілей і благословень. Якщо Мойсею довелося заплатити таку високу ціну за одне необачне висловлювання, то й ми мусимо остерігатися говорити необачно те, що в духовній сфері може коштувати нам дуже дорого.

6. КОРІННЯ ПРОБЛЕМИ

Через Святе Письмо Бог забезпечив нас усім необхідним для зцілення наших язиків. Аби отримати зцілення, спочатку необхідно визначити корінь проблеми. Всі свідчення Святого Письма ясні й одностайні: корінь будь-якої проблеми, що уражує наш язик, знаходиться у нашому серці. Звернімося знову до слів Ісуса, записаних у Євангелії від Матвія 12:33-35:

Або виростіть дерево добре, то й плід його добрий, або виростіть дерево зле, то й плід його злий. Пізнається-бо дерево з плоду! Роде зміїний! Як ви можете мовити добре, бувши злі? Бо чим серце наповнене, те говорять уста. Добра людина з доброго скарбу добре виносить, а лукава людина зі скарбу лихого виносить лихе.

Серце – це дерево, а слова – плоди. Слова, що виходять із наших вуст, свідчать про стан серця. Якщо серце добре, то й слова будуть добрими. Якщо серце зле, то й слова будуть злими. Наше серце потрапляє тільки в одну з двох категорій: воно або добре, а якщо не добре – значить, воно зле. Все, що виходить із наших вуст, свідчить про вміст нашого серця.

Якщо ви випадково розіллєте воду з відра на підлогу на кухні й побачите, що пролита вода брудна й жирна, немає потреби перевіряти, яка вона у відрі. Те саме стосується й нашого серця. Якщо з наших вуст виходять злі, нечисті, невірні, грубі слова, то це є свідченням того, що все це переважає у нашому серці.

Звернімося до Послання Якова 3:9-12, де апостол говорить про суперечливість релігійних людей:

Ним (тобто язиком) *ми благословляємо Бога й Отця, і ним проклинаєм людей, що створені на Божу подобу. Із тих самих уст виходить благословення й прокляття. Не повинно, брати мої, щоб так це було...*

Це – несумісне. Далі Яків запитує:

Хіба з одного отвору виходить вода солодка й гірка? Хіба може, брати мої, фігове дерево родити оливки, або виноград – фіги? Солодка вода не тече з солонця.

Яків тут наводить два приклади. Один – джерело води, інший – дерево. Він говорить, що смоківниця ніколи не родитиме оливки. Рід дерева визначають за його плодом. Яків використовує той самий приклад, що й Ісус. Дерево – це серце, і плоди – це слова, що виходять із наших вуст. Він також використовує інший приклад – джерело води. Він говорить, що коли з джерела ллється протухла, гірка вода, ми знаємо, що це джерело затхле й гірке.

Ці два приклади схожі, але не ідентичні. Два дерева являють собою дві природи. Зіпсоване дерево – це ветха людина, стара природа. Добре дерево – це нова людина в Ісусі Христі. Ветха людина не здатна давати добрі плоди. Ісус ясно говорив про це багато разів. Стара, плотська природа завжди приносить плоди, що їй відповідають. Джерело води являє собою дещо духовне. Чисте джерело – це Святий Дух. Зіпсоване, солоне, нечисте джерело – це інший дух.

Отож маємо дві проблеми, що проявляються завдяки нашим устам. Перша – стара зіпсована природа, що не зазнала змін і продовжує приносити зіпсовані плоди. Інша – деякий різновид духу (що не є Святим Духом) виливає нечисту, каламутну воду. Суть обох вчень наступна: те, що знаходиться всередині нас – стан нашого серця, – визначає, що виходитиме з наших уст. Таким чином, проблема нашого язика неминуче повертає нас до проблеми нашого серця.

Давайте з цього приводу згадаємо слова Соломона, записані в Книзі Приповістей 4:23:

Над усе, що лише стережеться, серце своє стережи, бо з нього походить життя.

Більш ніж щось інше пильнуй своє серце, бо з нього б'ють життя джерела (переклад Хоменка).

Тут також зустрічається слово «*джерела*», як і в прикладі Якова про джерело, що дає воду, якість якої характеризує саме джерело.

Початок усього, що виливається в твоє життя й через твої уста, – у твоєму серці. Якщо джерело чисте, те, що з нього виходить, буде чистим. Якщо ж джерело забруднене, то й виходити з нього буде брудне.

Ми можемо порівняти це зі сказаним у Посланні до Євреїв 12:15-16:

Дивіться, щоб хто не зостався без Божої благодаті, щоб «не виріс який гіркий корінь і не наробив непокою», і щоб багато хто не опоганились тим. Щоб не був хто блудник чи безбожник, немов той Ісав, що своє первородство віддав за поживу саму.

Ісав мав право первородства, проте він продав його і втратив своє право. Ми можемо отримати право первородства чи обітницю від Бога, але якщо ми не поводитимемося правильно, втратимо наше первородство, й наша доля стане подібною до долі десяти розвідників, які повернулися з негативним звітом.

Біблія зазначає, що, причина такого вчинку Ісава – гіркий корінь у його серці. Він мав гіркоту по відношенню до свого брата Якова, і цей гіркий корінь у серці дав гіркі плоди в його житті, отруїв його і став причиною втрати свого первородства. Отже, корінь проблеми – в серці.

Святе Письмо попереджає нас: якщо гіркий корінь з'явиться у серці хоча б одного з нас, інші можуть бути ним опоганені. Неправильне, негативне використання язика є заразним. Десятеро розвідників повернулися із негативним звітом, і їх негативне ставлення передалося всьому народові. Ця інфекція уразила цілий народ. Причина, чому Бог приділяє цьому таку серйозну увагу, – таке захворювання заразне.

Є й інші приклади злих коренів у нашому серці, що проявляються через наші вуста, створюючи проблеми, крадуть благословення, які Бог приготував для нас. У нашому серці можуть бути корені образи, невіри, нечистоти, погорди, й усі вони проявляються через нашу мову. Ми можемо намагатися говорити слова благодаті й любові, але корінь образи отруїть наші слова духом роздратування. Ми можемо намагатися казати добрі слова, але це в нас не виходитиме. Ми можемо називати себе віруючими, але корінь невіри спонукатиме нас діяти так само, як і десятеро розвідників, і до Божої обітниці завжди додавати своє «але». Те саме стосується і коренів нечистоти й погорди, що отруюватимуть нашу мову.

Дозвольте мені нагадати вам про лікаря в пустелі, який робив обхід хворих на дизентерію.

Відповіді на своє запитання «*Доброго ранку, як ти почуваєшся?*» він не надавав серйозного значення. «*Покажи свого язика*» – ось те, що справді цікавило його. Що буде, якщо Бог скаже тобі: «*Покажи-но свого язика*»?

7. ПОЧАТКОВІ КРОКИ ДО ЗЦІЛЕННЯ

Давайте розглянемо три простих практичних кроки, що можуть вирішити проблеми вашого язика. Зробивши ці послідовні кроки, ви зможете отримати звільнення від будь-якої хвороби свого язика.

Крок перший:

НАЗВІТЬ СВОЮ ПРОБЛЕМУ ЇЇ СПРАВЖНІМ ІМ'ЯМ – ГРІХ

Дуже важливо, щоб ми були чесними. Доки ми будемо прикриватися хитромудрими психологічними термінами, виправдовуватися, знизувати плечима або робити вигляд, що наша проблема не існує, до тих пір нічого не відбудеться. Ми мусимо дійти до моменту істини. Мені багато разів довелося бачити, як Бог із цим розбирався – в мені самому і в багатьох інших людях. Коли ми приходимо до моменту істини, Господь включається у справу і допомагає нам. Доки ми намагаємося виправдатися, приховати проблему, зменшити її, Бог не робить нічого. Іноді ми говоримо: «*Господи, чому Ти не допомагаєш мені?*» Бог відповідає (ми можемо не чути Його, але Бог відповідає): «*Я чекаю, коли ти станеш чесним – чесним із самим собою і зі Мною*».

Це – перший і найбільш важливий крок. Як тільки ви його зробите, ви зможете зробити й наступні кроки. Отже, назвіть свою проблему справжнім ім'ям – гріх.

Релігійні люди використовують багато різних способів виправдання чи прикриття неправильного використання свого язика. Вони гадають, що немає нічого особливого в тому, що вони говорять. Бог надає цьому зовсім іншого значення. Насправді своїми словами ми визначаємо власну долю. Ісус сказав: «*Бо зі слів своїх будеш виправданий, і зі слів своїх будеш засуджений*» (Матвія 12:37). Це дуже серйозно. Не жартуйте з цим. Розверніться обличчям до істини і скажіть: «*У мене є проблема – це гріх*». Коли ви це зробите, то будете готові до другого кроку.

Крок другий:

СПОВІДАЙТЕ ВАШ ГРІХ І ОТРИМАЙТЕ ПРОЩЕННЯ Й ОЧИЩЕННЯ

Перше послання Івана 1:7-9 ясно показує:

Коли ж ходимо в світлі, як Сам Він у світлі, то маємо спільність один із одним, і кров Ісуса Христа, Його Сина, очищує нас від усякого гріха. Коли ж кажемо, що не маєм гріха, то себе обманюємо, і немає в нас правди! Коли ми свої гріхи визнаємо, то Він вірний та праведний, щоб гріхи нам простити, та очистити нас від неправди всілякої.

Ми знову бачимо те, наскільки важливо бути чесними. Кров Ісуса не омиває у пітьмі. Тільки виходячи на світло, ми можемо отримати очищення кров'ю Ісуса. Якщо ми перебуваємо в світлі, то кров Ісуса постійно омиває нас від будь-якого гріха. Якщо ми говоримо, що не маємо гріха, котрий, як уже було сказано, є нашою справжньою проблемою, то ми обманюємо себе. В такому випадку в нас немає істини, і ми – не у світлі. Ми залишаємося у пітьмі, в якій Божий засіб очищення не діє.

Проте в нас є можливість сповідувати наш гріх і вийти на світло. Коли ми усвідомлюємо суть нашої проблеми й її серйозність, тоді Бог – Він «*вірний та праведний, щоб гріхи нам простити, та очистити нас від неправди всілякої*». Тут використані два слова – «*вірний*» і «*праведний*». Бог «*вірний*», тому що Він обіцяв, і Він виконає Свою обіцянку. Бог «*праведний*», тому що Ісус уже заплатив за наші гріхи, і тому Він може прощати без будь-якого компромісу зі Своїм правосуддям (це слово «*праведний*» означає «*справедливий*»; слова «*правда*», «*правота*», «*праведність*», «*справедливість*», «*правосуддя*» у Біблії мають одне значення).

Якщо ми сповідуємо свій гріх, то Святе Письмо гарантує нам, що Бог у Своїй вірності й справедливості пробачить нас і очистить від будь-якої неправди. Бог не просто пробачає, але, що іще важливіше, – очищує. Коли наше серце, що є джерелом життя, було очищене, ми вже не підемо робити ті самі гріхи.

Якщо ви вірите, що ваші гріхи прощені, але в своєму житті не знаходите свідчення очищення, спитайтеся себе, а чи справді ви отримали прощення? Коли Бог прощає, Він і очищує. Та сама Біблія, що обіцяє прощення, при цьому говорить і про очищення. Якщо ми виконуємо умови – дійсно каємося і сповідуємо наш гріх, то отримуємо все, що Бог нам обіцяв у такому випадку. Господь ніколи не зупиняється на півдорозі. Якщо ми сповідуємо наш гріх, то Бог, *«вірний та праведний»,* простить нам його й очистить від будь-якої неправди. Коли серце очищене, проблема звідти видалена. Пам'ятайте: стан серця визначає те, що виходить із ваших уст. Чисте серце не здатне продукувати нечистоту вуст. Нечистота язика свідчить про нечистоту серця.

Отже, коли ми виходимо на світло, звертаємося до Бога і сповідуємо свій гріх, то Бог, вірний та праведний, пробачає нас. Запис минулого стирається, й ефект сказаних нами слів, у яких ми розкаємося, знищується. Потім Бог очищує наше серце. І тоді з чистого серця через вуста виходитиме теж тільки чистота. Якщо ваше серце славить Господа, то й ваші вуста славитимуть Його. Бог розв'язує проблему язика й вуст, розбираючись зі станом серця.

Крок третій:

ВІДМОВТЕСЯ ВІД ГРІХА, ПІДКОРІТЬСЯ БОГОВІ

Тут є дві сторони – негативна й позитивна, що завжди разом як два боки однієї монети. І в тому, і в іншому випадку ви повинні використовувати свою волю, щоб сказати гріху «ні», а Богу сказати «так». Ви мусите зробити й те, й інше. Ви не можете сказати гріху «ні», не кажучи Богові «так», тому що в цьому випадку ви опинитеся у вакуумі, котрий знову заповнить та сама проблема. Ви не зможете втекти від гріха, не підкорившись Богові.

Послання до Римлян 6:12-14:

Тож нехай не панує гріх у смертельному вашому тілі, щоб вам слухатись його пожадливостей, і не віддавайте членів своїх гріхові за знаряддя неправедности, але віддавайте себе Богові, як ожилих із мертвих, а члени ваші – Богові за знаряддя праведности. Бо хай гріх не панує над вами, – ви-бо не під Законом, а під благодаттю.

Коли гріх гукатиме вас, скажіть йому: «*Ні, я не буду підкорятися тобі, я не дам тобі жодної частини мого тіла. Більше того, я не дам тобі ту частину, котра може завдати більше всього клопотів, – мого язика. Гріх, ти не зможеш більше контролювати мого язика».*

Потім зверніться до Бога і скажіть: «*Боже, я підкоряю свій язик Тобі й прошу керувати цим членом, котрий я сам не здатен контролювати*».

Давайте глянемо, що записано у Посланні Якова 3:7-8:

Бо всяка природа звірів і пташок, гадів і морських потвор приборкується, і приборкана буде природою людською, та не може ніхто із людей язика вгамувати, – він зло безупинне, він повний отрути смертельної!

Ви мусите прийняти той факт, що не можете стримувати чи контролювати свій власний язик. Є тільки одна сила, здатна контролювати ваш язик, – це сила Божа у Святому Духові. Коли ви були прощені й очищені, та гріх знову покликав вас, скажіть: «*Ти не зможеш використовувати мій язик – я відмовляю тобі в цьому*». Потім ви повинні сказати Господу: «*Боже, підкоряю свій язик Твоєму Святому Духові. Я не можу контролювати його. Я прошу Тебе зробити це за мене*».

Давайте коротко повторимо всі три кроки.

По-перше, назвіть проблему її ім'ям – гріхом. По-друге, сповідуйте свій гріх і прийміть прощення й очищення. По-третє, прийміть рішення не підкорятися гріху, а підкоритися Богові. Ось найвища точка процесу звільнення й зцілення – підкорення Святому Духові того члена тіла, котрий ви ніколи не зможете контролювати самостійно.

8. З ЯКОЮ МЕТОЮ ВАМ ДАНИЙ ЯЗИК

Як ми вже бачили, корінь усіх проблем, що уражують наш язик, знаходиться в нашому серці. Це означає, що для вирішення проблем язика спочатку ми мусимо розібратися з коренем – проблемами серця.

Ми визначили три кроки, які необхідно зробити, аби розібратися з корінними проблемами в нашому серці, що проявляються через наш язик.

По-перше, назвіть проблему її ім'ям, тобто гріхом. Прийдіть до моменту істини. Бог допоможе вам тільки на основі істини. Бог є Бог істини. Святий Дух – це Дух істини.

По-друге, сповідуйте свій гріх і прийміть прощення й очищення на підставі обітниці, викладеної у Першому посланні Івана 1:9:

Коли ми гріхи свої визнаємо, то Він вірний та праведний, щоб гріхи нам простити, та очистити нас від неправди всілякої.

Бог не тільки прощає минуле, але й очищає серце – таким чином Він розбирається з проблемою до самого кореня. В результаті відбувається зміна плоду, що виходить із нашого серця.

По-третє, зречіться гріха й підкоріться Богові. Скажіть «ні» гріху і «так» Богу. Зречіться гріха й підкоріться Святому Духу. У Всесвіті є лише одна сила, здатна керувати нашим язиком на благо, – це Святий Дух.

Давайте більш докладно розберемося із позитивним аспектом третього кроку – підкорення нашого язика Богові.

По-перше, ми потребуємо розуміння справжньої причини, з якої Творець дав кожному з нас вуста й язик. Ми знаходимо відповідь у Святому Письмі, і це один із тих цікавих прикладів істини в Біблії, котру можна виявити тільки шляхом співставлення двох місць Біблії. Коли ми робимо це, до нас приходить одкровення, яке ми б не змогли розгледіти, розмірковуючи лише над одним із цих уривків.

У даному випадку візьмемо один уривок із Старого Заповіту, а інший – із Нового Заповіту. У Новому Заповіті наведена цитата із Старого Заповіту, але зроблено це таким чином, що дає нам нове розуміння, не розкрите у початковому уривку.

У день П'ятидесятниці, коли зійшов Дух Божий і зробився сильний шум, великий людський натовп зібрався, аби дізнатися, що сталося. Тоді Петро, натхненний Духом Святим, виголосив свою знамениту проповідь про життя, смерть і воскресіння Ісуса Христа. Він процитував деякі уривки із Старого Заповіту на підтвердження того, що Ісус справді є Месія (Христос) і Син Божий. Одним із цих уривків був Псалом 15:8-9. Про те, як Петро процитував його, читаємо у Книзі Дій 2:25-26:

Бо каже про Нього Давид: «Мав я Господа завсіди перед очима своїми, бо Він по правиці моїй, що я не захитався. Тому серце моє звеселилось, і зрадів мій язик, і тіло моє відпочине в надії.

Сам же Псалом 15:8-9 звучить так:

Уявляю я Господа перед собою постійно, бо Він по правиці моїй, – і я не буду захитаний! Через те моє серце радіє та дух веселиться (дослівно «звеселилася слава моя»), – і тіло моє спочиває безпечно!

(В Синодальному перекладі, й у Псалмах, і в Діях використані однакові слова *«звеселився язик мій»*, однак в єврейському оригіналі, як і в більшості перекладів, у Псалмі 15:9 написано *«звеселилася слава моя»* – *прим. редактора*). Там, де Давид говорить *«звеселилася слава моя»*, Петро, помазаний Духом Святим, говорить *«звеселився мій язик»*. Ви можете спитатися: «*Чому?*» Відповідь така: тому що Творець дав вам і мені язик для одного головного призначення – прославляти Його. Кінцеве призначення язика – прославляти Бога. Ось чому наш язик стає нашою славою. Це той член тіла, котрий – на відміну від інших членів – може прославляти Творця. Це призводить до особливо важливих наслідків: будь-яке використання нашого язика, що не славить Бога, є зловживанням, тому що язик був даний нам для слави Божої.

Ми можемо згадати добре відоме твердження Павла у Посланні до Римлян 3:23: «*Бо всі згрішили, і позбавлені* (дослівно «*випали з...*», «*не змогли втриматися, перебувати у...*», «*не змогли здійснити ..*» – *прим. редактора*) *Божої слави*». Сутність гріха не обов'язково полягає у здійсненні жахливого злочину. Суттю гріха є позбавлення слави Божої – жити не на славу Божу.

Люди можуть не погоджуватися і казати: «*Мене це не стосується – у чому я позбавив Бога слави?*». Але перевірте, як ви використовуєте свій язик. Запам'ятайте, що єдина ціль, для якої вам даний язик, – для Божої слави. Будь-яке використання язика, що не славить Бога, є зловживанням. Не вірю, що хоча б один із нас може, поклавши руку на серце, сказати, що завжди використовував язик на славу Божу. Тому мусимо визнати справедливість твердження Павла про те, що всі ми згрішили і позбавлені Божої слави. Якщо воно й не стосується якоїсь іншої області нашого життя, то для сфери використання язика воно справедливе.

Два різних види вогню зустрічаються у чоловічому язиці. Перший – це пекельний вогонь. Цей вид вогню запалює язик плотської невідродженої людини. У Посланні Якова 3:6 йдеться:

І язик – то вогонь. Як світ неправости, поставлений так поміж нашими членами, язик сквернить усе тіло, запалює круг життя, і сам запалюється від геєнни.

Цей вогонь у людському язиці походить від самого пекла, і плоди його – результати і наслідки його використання – належать геєнні. Але у день П'ятидесятниці, коли Бог створив першу громаду викуплених Ним людей, яка повинна була прославляти Його на землі, прийшов інший вогонь – з іншого джерела. Це був вогонь Духа Святого, що ішов з Небес, а не з геєнни. І вперше цей вогонь був явлений у язиках зібраних у світлиці. Іншими словами, Божий вогонь із Небес заміщає плотський пекельний вогонь грішного язика. Пекельний вогонь замінений вогнем чистоти, святості й Божої слави.

Давайте поміркуємо над уривком із Дій 2:1-4:

Коли ж почався день П'ятдесятниці, всі вони однодушно знаходилися вкупі. І нагло зчинився шум із неба, ніби буря раптова зірвалася, і переповнила ввесь той дім, де сиділи вони. І з'явилися їм язики поділені, немовби огненні, та й на кожному з них по одному осів...

Зауважте, що вогненні язики були для кожного в окремості. А що сталося потім?

Усі ж вони сповнились Духом Святим, і почали говорити іншими мовами, як їм Дух промовляти давав.

Зверніть увагу, що в першу чергу Дух почав діяти в їхніх язиках. Божий вогонь із небес дав їм новий спосіб використання свого язика. Святе Письмо ясно говорить, що усе висловлюване ними після цього (сповнення Духом) прославляло Бога. Вони використовували свої язики у відповідності з тією ціллю, для якої Бог дав їм їх.

Ключ до вирішення проблеми язика – повне посвячення його Святому Духові. Це є очевидним із твердження Павла у Посланні до Ефесян 5:17-18:

Через це не будьте нерозумні, але розумійте, що є воля Господня.

Наступний вірш нам говорить про волю Божу:

І не впивайтесь вином, в якому розпуста, але краще наповнюйтесь Духом...

Слід звернути увагу на те, що обпиватися вином – гріх, але й не сповнюватися Духом Святим – такий самий гріх. Заповідь «*так не роби*» має таку саму силу, що й заповідь «*так роби*». Не обпивайтеся вином, але сповнюйтеся Духу Святого. У відомому сенсі мова йде про два різних види «*упивання*», тому що у день П'ятидесятниці про чоловіків і жінок, які сповнилися Духом Святим, насмішники казали: «*Та вони просто напилися*». У певному сенсі вони справді сп'яніли, але те сп'яніння було зовсім іншого роду. Вони не були п'яні від вина, а були сповнені Духом Святим.

Далі Павло говорить, Послання до Ефесян 5:19-20:

> *...розмовляючи поміж собою псалмами, і гімнами, і піснями духовними, співаючи й граючи в серці своєму для Господа, дякуючи завжди за все Богові й Отцеві в Ім'я Господа нашого Ісуса Христа.*

Зверніть увагу, що після повеління сповнюватися Духом мова заходить про повчання (в англ. перекладі «*говоріння*» – *прим. перекладача*), псалми, гімни, пісні прославлення і подяки. У Новому Заповіті нараховується п'ятнадцять місць, де йдеться про людей, сповнених чи наповнених Святим Духом. І в кожному випадку це в першу чергу починає проявлятися через уста. «*Чим серце напо-*

внене (сповнене, переповнене), *те говорять уста*» (Матв.12:34).

Коли ви сповнюєтеся Святим Духом, то в першу чергу це виражається через ваші вуста, через ваш язик. Замість слів ремствування, невдоволення, критиканства й сповідання невіри, за словами Павла, ви повинні наставляти себе, співати, оспівувати й дякувати. Ми повинні використовувати язик на добро, а не просто не використовувати його на зло.

Рішення кожної проблеми з нашим гріхом у нашому житті має бути позитивним. Недостатньо перестати грішити. Ми повинні мати праведність. Недостатньо тільки не надавати свого язика дияволу – ми мусимо підкорити свій язик Святому Духу. Бути сповненими Святим Духом і говорити – ось ліки, які допоможуть.

9. ВАЖЛИВІСТЬ ВАШОГО СПОВІДАННЯ

Отже, ми визначили, що найвищою ціллю, для якої Бог нам дав язик, є прославлення Бога. Наш язик – наша слава. Ми вже говорили про те, що використання язика не для прославлення Бога – використання його не за призначенням. У світлі цього, щоб використовувати наш язик для Його слави, ми повинні навчитися отримувати надприродну Божу допомогу, яку Він передбачив для цього. Це приходить тільки через Дух Святий. Лише Святий Дух може дати нам здатність використовувати наш язик у відповідності з Божим призначенням. Недостатньо просто уникати негативного, але ми повинні присвятити себе позитивному.

Насамкінець нам необхідно побачити, що правильне застосування нашого язика особливим чином з'єднує нас із Ісусом Христом як із нашим Первосвящеником. Первосвященство Ісуса – це Його вічне служіння, що триває на Небесах постійно. Після смерті за наші гріхи, погребіння, воскресіння й вознесіння на Небеса Він увійшов у служіння Первосвященика, будучи нашим постійним Представником перед Богом. Він наш Первосвященик за умови, що сповідання наших уст правильне.

Послання до Євреїв 3:1:

*Отож, святі брати, учасники небесного по-
кликання, уважайте на Апостола й Перво-
священика нашого ісповідання, Ісуса.*

Зверніть увагу на останню фразу: «*Перво-
священика нашого ісповідання, Ісуса*». Наше
сповідання пов'язує нас із Ісусом як Перво-
священиком. Якщо ми тільки віримо, але не
сповідуємо, то Його служіння Первосвященика
не може діяти на нашу користь. Первосвя-
щенство Ісуса на Небесах засноване на нашому
висловленому вголос сповіданні, а не на нашій
безсловесній вірі.

Надзвичайно важливо, щоб ми здійснювали
правильне сповідання і тримались його. Сло-
во «*сповідання*» в буквальному сенсі означає
«*говорити те саме, що й...*». Для нас це означає
говорити своїм язиком те саме, що говорить
Бог у Святому Письмі. Слова наших уст повинні
відповідати Слову Божому в Святому Письмі.

Коли ми віримо Слову Божому й приво-
димо слова наших уст у відповідність із тим,
що Бог сказав у Біблії, то тим самим даємо
можливість Ісусу здійснювати Своє служіння
Первосвященика як нашого Представни-
ка в Божій присутності. Якщо висловлюємо
невірне сповідання, то чинимо перепону Його
служінню. Воно залежить від правильності
нашого сповідання. Наше сповідання – це те,

що пов'язує нас із Ісусом як із нашим Первосвящеником. Це двічі підкреслено у Посланні до Євреїв. Уперше про це сказано у Посланні до Євреїв 4:14:

Отож, мавши великого Первосвященика, що небо перейшов, Ісуса, Сина Божого, тримаймося ісповідання нашого!

Наше сповідання – ось що продовжує пов'язувати нас із Ісусом як нашим Первосвящеником. Далі ми читаємо в Посланні до Євреїв 10:21 і 23:

Маємо й Великого Священика над домом Божим... тримаймо непохитне визнання надії, вірний-бо Той, Хто обіцяв.

Кожного разу, коли Павло згадує про Ісуса як нашого Первосвященика, він говорить про те, що ми повинні звершувати, підтримувати правильне сповідання – міцно триматися сповідання нашої віри й нашого сповідання. Наше сповідання – ось що поєднує нас із Ісусом як нашим Первосвящеником. Якщо ми не притримуємося сповідання, то перешкоджаємо Його служінню на нашу користь. Насправді правильне сповідання – це невід'ємна частина нашого спасіння. У Посланні до Римлян 10:8-10 сказано:

Але що [Біблія] каже ще? «Близько тебе слово, – в устах твоїх і серці твоїм», цебто слово віри, що його проповідуємо. Бо коли ти устами своїми визнаватимеш Ісуса за Господа, і будеш вірувати у своїм серці, що Бог воскресив Його з мертвих, то спасешся, бо серцем віруємо для праведности, а устами ісповідуємо для спасіння.

Весь час ми бачимо, що існує прямий зв'язок між устами й серцем. Ісус сказав: «*Чим серце наповнене, те говорять уста*» (Матв.12:34). Спасіння залежить від двох речей: дієвої віри в нашому серці й від правильного сповідання наших уст.

У Біблії «*спасіння*» – це велике всеосяжне слово, що включає в себе всі благословення, забезпечення Божі, придбані для нас через смерть Ісуса Христа. Воно містить в собі духовні, фізичні, фінансові, тимчасові й вічні благословення. Всі ці благословення, придбані ціною смерті Ісуса Христа, можна підсумувати одним словом – «*спасіння*».

Аби увійти в повноту Божого спасіння у кожній сфері нашого життя, ми мусимо здійснювати відповідне правильне сповідання. У кожній сфері, що б це не було, ми повинні своїми вустами говорити те саме, що Бог говорить у Своєму Слові. Коли наше сповідання відповідає Слову Бога, ми рухаємося в повноту Божого провидіння для нашого спасіння й отримуємо благословення від служіння Ісуса як нашого Первосвященика на Небесах. З Ним, який стоїть над нами на підставі нашого сповідання, ніщо не може завадити нам чи зупинити нас на шляху в повноту нашого спасіння. Наше сповідання з'єднує нас із Ісусом як нашим Первосвящеником. Ось чому те, що ми промовляємо нашими вустами, визначає наш стан.

Давайте ще раз повернемося до прикладу, що ілюструє думку про подібність нашого язика до керма, яке управляє життям. У Посланні Якова 3:4-5 сказано:

От і кораблі, хоч які величезні та гнані вітрами жорстокими, проте найменшим стерном скеровуються, куди хоче стерничий. Так само й язик, – малий член, але хвалиться вельми! Ось маленький огонь, а запалює величезного ліса!

Що кермо для корабля, то язик для нашого тіла й нашого життя. Правильне застосування керма спрямовує корабель на вірний курс. Неправильне керування рано чи пізно завершиться загибеллю. Так і правильне застосування язика принесе успіх і спасіння у всій повноті, а невірне використання призведе до відпадіння від віри й краху.

Невелике кермо управляє великим океанським лайнером. Кермувати ним може капітан із багаторічним досвідом, проте коли лайнер заходить у порт, капітанові не дозволяється самому швартувати судно. Як правило, у кожному порту є лоцман. Його слід прийняти на борт і передати йому кермо судна. Він переймає відповідальність на себе і далі вже відповідає за безпечне керування і благополучне пришвартування судна.

Ми можемо почуватися здатними керувати своїм життям, але є ситуації, з якими ми не справляємося. Ми повинні прийняти на борт лоцмана і дозволити йому прийняти відповідальність. Ви, напевне, здогадалися, хто цей лоцман? Звичайно ж, цей лоцман – Дух Святий. Тільки Дух Святий може зробити нас здатними завжди використовувати наш язик вірно і завжди здійснювати правильне сповідання.

Святий Дух – це Дух Істини й Дух Віри. Коли Він мотивує і контролює наші слова й нашу мову, вони стають позитивними. Тоді наша мова прославляє Бога і приносить Божі благословення в наше життя. Кожен із нас потребує того, щоб Дух Святий спрямовував наше життя, використовуючи наші вуста. Тільки в Ньому – остаточне вирішення проблеми людського язика.

Бог дозволяє нам опинитися в тому місці, де ми припускаємося помилок. Він говорить: «*Ніхто з вас не здатен опанувати свого язика*». А після цього додає: «*Але в Мене є Лоцман.*

Чи приймете ви Його на борт?» Все, що вам необхідно зробити у відповідь, це всього лише помолитися простою молитвою, подібною до цієї:

Господи мій і Боже мій! Я дійсно не можу контролювати свого язика. Прийди Духом Святим і візьми під Свій контроль мої вуста.

Боже, я підкоряюся Тобі. Дай мені язик, який прославляє Тебе.

Амінь.

Дерек Принс

ЧИ ПОТРЕБУЄ ВАШ ЯЗИК ЗЦІЛЕННЯ?

www.ingramcontent.com/pod-product-compliance
Lightning Source LLC
Chambersburg PA
CBHW071842020426
42331CB00007B/1826